Georg Bauer

Mit dem Herzen beten

Georg Bauer

MIT DEM HERZEN BETEN

Einführung in das meditative Gebet

Bibliografische Information der Deutschen Nationalbibliothek:
Die Deutsche Nationalbibliothek verzeichnet diese Publikation
in der Deutschen Nationalbibliografie; detaillierte bibliografische
Daten sind im Internet über dnb.dnb.de abrufbar.

Mit dem Herzen beten
Einführung in das meditative Gebet
Erstausgabe 2021 © Georg Bauer
Umschlagbild © Georg Bauer
www.georgbauer.info
contact@georgbauer.info

Verlag & Druck: tredition GmbH
Halenreie 40-44
22359 Hamburg

ISBN
978-3-347-14372-2 (Paperback)
978-3-347-14373-9 (Hardcover)
978-3-347-14374-6 (e-Book)

INHALT

Für meine Mutter,
die mir nicht nur mein Leben,
sondern vor allem auch
mein großes weites Herz
geschenkt hat.

VORWORT

Als kleiner Junge habe ich meine Gebete immer gern gesprochen. Besonders wichtig war mir dabei das Ritual des Zubettgehens am Abend. Ich bekreuzigte mich mit Weihwasser. Dann sprach ich mein Nachtgebet. So hatten es mir meine Mutter und meine Großeltern mütterlicherseits beigebracht.

In meiner frühen Kindheit war ich stets wohlbehütet. Die inneren Ängste, die ich schon damals hatte, konnten zu dieser Zeit ihre unheilvolle Macht über meinen Geist noch nicht entfalten, eben weil ich mich bei meiner Mutter und meinen Großeltern sicher und geborgen fühlte.

Später, als ich dann zur Schule gehen musste, waren meine Mutter und meine Großeltern nicht mehr da, um mich im Alltag zu beschützen. Ich war meinen Ängsten hilflos ausgeliefert. In der Folge entwickelte ich unheilvolle Verhaltensweisen. Ich verdrängte die Angstgefühle durch selbstbezogene Tagträumereien, aus denen sich schließlich schwere Zwänge und tiefe Depressionen entwickelten.

Dementsprechend hatte ich für viele Jahre meines Lebens keinen Zugang mehr zu meiner Gefühlswelt. Mein ichbezogenes Denken hatte meinen Geist vollkommen von meinem Herzen abgeschnitten. Und weil ich keinen Zugang mehr zu meinen Gefühlen besaß, verlor ich auch meine Freude am Beten.

Erst heute, da ich meine Ängste, Zwänge und Depressionen mittlerweile durch die Kraft des achtsamen Atmens überwinden konnte, lebe ich wieder aus meiner inneren Mitte heraus. Das selbstbezogene Denken hat keine Macht mehr über meinen Geist. Und weil jetzt mein Geist erneut mit meinem Herzen verbunden ist, habe ich auch die kindliche Freude am Beten wiedergefunden.

Georg Bauer

EINLEITUNG

„Die Krise unseres Gebetslebens besteht darin, dass unser Verstand voll von Gedanken über Gott sein mag, während unser Herz fern von ihm bleibt." Mit diesen Worten legt Henri Nouwen den Finger in die Wunde unserer oft so unheilsamen Gebetsgewohnheiten und bezeichnenderweise fügt er hinzu, worin genau das Problem besteht, nämlich in der Unfähigkeit still werden zu können. Denn nur wenn ich schweige und aufmerksam in mein Herz hineinlausche, so Nouwen, kann ich dort die leise Stimme Gottes vernehmen. (Nouwen 29f.)

Um im Gebet auf die Stimme Gottes lauschen zu können, muss ich also lernen still zu werden. Ich muss mich im Schweigen üben, damit sich mein Herz durch das Schweigen öffnet. Vor allem darf ich nicht nur äußerlich schweigen, sondern ich muss auch lernen, innerlich zu schweigen.

Aber genau hier stellt sich die Frage, wie geht das nun? Wie kann ich äußerlich und innerlich schweigen? Und wie kann ich Gott mein Herz öffnen? Sind das nur schöne Gedanken oder bezeichnen diese Gedanken nachvollziehbare spirituelle Praktiken, deren heilsame Wirkung für mich erfahrbar werden kann?

Das Problem ist nämlich nicht, dass ich mein Herz nicht öffnen will. Nur wenige Menschen sind tatsächlich aus innerer Überzeugung hartherzig und verschlossen. Im Gegenteil: In meiner Selbstwahrnehmung sehe ich mich stets als guten Menschen. Ich kann gar nicht anders, denn als innerster Wesenskern brennt in mir ein Funke des göttlichen Geistes, der grundsätzlich gut und warmherzig ist. So betrachte ich mich nicht einmal dann als schlechten Menschen, wenn meine Taten böse sind.

Das Grundproblem besteht also vielmehr darin, dass ich nicht weiß, wie ich mein Herz nicht nur theoretisch, sondern ganz praktisch öffnen soll. Wenn mich jemand auffordert, beim Beten auf die leise Stimme Gottes zu horchen, dann nützt mir dieser schöne Rat nämlich nichts, wenn mein Geist keine Verbindung zu meinem Herzen hat. Und tatsächlich pflegen viele Menschen keine heilsame, sondern eine höchst unheilvolle Beziehung zu ihrem Herzen, sprich zu ihrer Gefühlswelt.

Nicht wenige Menschen neigen leider dazu, unangenehme Gefühle zu verdrängen. In der Folge wird ihr Geist vollkommen von ichbezogenen Gedanken beherrscht. Wenn ich zu diesen Menschen gehöre, dann habe ich den Zugang zu meinem Herzen verloren. Damit jedoch mein Beten fruchtbar werden kann, muss ich die verschlossene Pforte meines Herzens wieder aufschließen. Aber um dies zu schaffen, brauche ich klare Anweisungen, die ich in meinem alltäglichen Leben praktisch einüben kann.

Ich benötige eine spirituelle Praxis, die mich lehrt, äußerlich und innerlich zu schweigen. Außerdem muss ich lernen, auf meine Gefühle zu achten. Auf diese Weise kann ich mich vom ichbezogenen Denken befreien und mein Herz, ebenso wie meinen Geist für den Anruf Gottes öffnen. Denn nur mit einem offenen Herzen und einem freien Geist bin ich fähig, eine lebendige Freundschaft mit Gott, meinem mich liebenden Vater, zu beginnen.

Erstes Kapitel

DAS VERSTOCKTE HERZ
DES *HOMO FABER*

Ohne ein weites Herz sind meine Ohren taub und meine Augen blind für die frohe Botschaft Gottes. Meine Ohren hören die Worte, aber mein Geist versteht sie nicht. Meine Augen sehen die Wahrheit, aber mein Geist erkennt sie nicht (Jes 6,9-10; Mt 13,13-15; Mk 4,12; Lk 8,10; Joh 12,40; Apg 28,26-27).

Zu allen Zeiten waren die Herzen der Menschen verstockt. Schon Jesaja klagte darüber und auch Jesus von Nazareth war sich dessen nur allzu bewusst. Allerdings waren die Herzen der Menschen vielleicht nie so hart und verschlossen wie heutzutage.

Wir modernen Menschen haben oftmals die Verbindung zu unserem Herzen verloren. Viele von uns haben regelrecht Angst vor den Gefühlen. Nichts ist uns wichtiger, als mit aller Mühe unsere oberflächlichen Fassaden aufrecht zu erhalten, mit denen wir vor der Welt etwas gelten wollen, hinter welchen wir jedoch nur ängstlich verkrampft unsere tiefe Verletzlichkeit zu verbergen trachten. Infolgedessen beherrscht die Gier der Geltungssucht unseren Geist.

Die Naturwissenschaftler und die Aufklärer der frühen Neuzeit wollten uns in die Moderne führen, indem sie versuchten unser Denken vom Aberglauben zu befreien. Wir sollten uns zu Recht von der Vernunft leiten lassen. In unserer ichbezogenen Verblendung haben wir jedoch alles falsch verstanden.

Den Glauben an Gott haben wir durch den Wissenschaftsglauben ersetzt. Und an die Stelle des abergläubischen Menschen des Mittelalters haben wir den ichbesessenen *homo faber* der Moderne gestellt, der keine heilsame Verbindung zu seinem Herzen pflegt. Weil wir ohnehin dazu neigen, unseren Gefühlen zu misstrauen, waren wir nur allzu schnell bereit, unser Herz zu Gunsten des Verstandes ganz auszuschalten, in dem Irrglauben, dies würde uns zu besseren Menschen machen.

Leider machten und machen selbst Theologen bei diesem Unsinn mit. Wo die aufgeklärten Theologen zu Recht vor einer allzu rührseligen Religiosität warnten, wollten und wollen nicht wenige Theologen der nachfolgenden Jahrhunderte das Herz am liebsten gleich ganz aus der Theologie verbannen. Tief verunsichert von dem bis heute unbewältigten Bedeutungsverlust der Religion in Folge der Aufklärung, versuchen sie sich hinter den brüchigen Zwingmauern religiöser Dogmen zu verschanzen. Gerne wird die Glaubenslehre in erster Linie nur noch als Geisteswissenschaft betrachtet, die sich allein auf den Verstand gründen soll. Das Herz müsse aus der Theologie herausgehalten werden. Gefühle hätten im Glauben nichts verloren.

Aber wie in vielen Bereichen wird hier das Wahre vom Falschen nicht unterschieden. Vielmehr wird das Wahre zusammen mit dem Falschen verworfen. Es ist nämlich keineswegs heilsam das Herz auszuschalten, sprich Gefühle zu verdrängen. Je weniger ich meine Gefühle beachte, umso unzufriedener fühle ich mich und diese wachsende Unzufriedenheit nährt meine Ichbezogenheit. In der Folge wird mein Denken mehr und mehr verkopft. Und ich werde unbelehrbar in meinen Ansichten. Dies gilt für mich als einzelnen Menschen. Es gilt darüber hinaus

aber im gleichen Maße auch für die Geistes-
haltung von Institutionen, ebenso wie für die
Denkweise ganzer Gesellschaften.

So entsteht dann an Stelle einer geistreichen,
offenen und warmherzigen Religiosität, die Herz
und Verstand verbindet, eine aufgesetzte, eng-
herzige und selbstgefällige Religiosität, die sich
kleinmütig in verhärtete Glaubensgrundsätze
flüchtet, gleichzeitig jedoch auf erbärmlich
scheinheilige Art und Weise in frömmlerischer
Weinerlichkeit zerfließt.

Weil manche Theologen keine Verbindung
mehr zu ihrem Herzen haben, versuchen sie
selbst die Heilige Schrift mit ihrem Kopf, statt
mit ihrem Herzen zu lesen. Nicht nur, dass sie
die heiligen Worte wortwörtlich auslegen wollen.
Nein! Sie gehen sogar so weit, die heilige Sprache
der Bibel in ihre verkopfte Sprache umzuschrei-
ben. In ihrer Verblendung glauben sie die Bibel
gerade dadurch besonders verständlich zu
machen, indem sie die Sprache des Herzens
durch eine Sprache des Verstandes ersetzen,
dabei jedoch die Botschaft der Bibel verfälschen.

Mir ist dies an einer Stelle der Weihnachtsge-schichte bei Lukas besonders aufgefallen. In der Einheitsübersetzung 2016 heißt es recht treffend: „Maria aber bewahrte alle diese Worte und erwog sie in ihrem Herzen." (Lk 2,19) Auch die Lutherbibel 2017 wählt einen ähnlichen Wortlaut: „Maria aber behielt alle diese Worte und bewegte sie in ihrem Herzen."

Manche modernen Übersetzer stoßen sich an dieser Sprache des Herzens. Sie verstehen die Wendung „etwas im Herzen erwägen oder bewegen" nicht mehr. Sie missdeuten dies als eine Umschreibung des Wortes „nachdenken". So lautet dieser Vers in einigen anderen neueren Übersetzungen beispielsweise wie folgt: „Maria aber bewahrte all das Gehörte in ihrem Herzen und dachte viel darüber nach." (Gute Nachricht Bibel) „Maria aber bewahrte alle diese Dinge in ihrem Herzen und dachte oft darüber nach." (Neues Leben) „Maria aber bewahrte das Gehörte in ihrem Herzen und dachte immer wieder darüber nach." (Neue evangelistische Übersetzung)

Unerträglich wird es dort, wo das Herz gleich ganz aus dem Vers verbannt wird: „Maria aber merkte sich jedes Wort und dachte immer wieder darüber nach." (Hoffnung für Alle) „Maria aber prägte sich alle diese Dinge ein und dachte immer wieder darüber nach." (Neue Genfer Übersetzung) „Aber Maria prägte sich alle ihre Worte gut ein und dachte viel darüber nach." (Basis Bibel)

Die Verben „merken", „einprägen" und „nachdenken" verraten das verkopfte Denken der Übersetzer. All dies sind Verben des Verstandes. Es geht in dem Vers aber nicht um Vorgänge des Verstandes, sondern um Vorgänge des Herzens. Wenn ich Worte in meinem Herzen behalte und diese in meinem Herzen bewege, so ist das etwas völlig anderes, als mir Worte mit dem Gedächtnis zu merken und darüber mit meinem Verstand nachzudenken. Das ist keine Frage des stilistischen Ausdrucks oder der freien Übersetzung. Vielmehr werden hier, je nach Wortwahl, völlig voneinander verschiedene innere Vorgänge geschildert.

Worte oder Erlebnisse, die ich in meinem Herzen bewahre und erwäge, berühren mich auf der Gefühlsebene. Ihre Botschaft trifft mich in meinem Empfinden. Und diese innere Betroffenheit verändert dann mein Denken auf heilsame Weise. Mit Nachdenken hat dies nichts zu tun. Diesen inneren Zusammenhang versteht jedoch nur ein Mensch, der eine gesunde Beziehung zu seinem Herzen pflegt.

Diese Sprache, die auf das Herz vergisst, begeistert auch nicht mehr. Sie macht nicht mehr lebendig, sondern sie tötet alles Lebendige. Statt vom Heiligen Geist ist sie vom Ungeist ihrer engherzigen Übersetzer geprägt. Es ist die kleingeistige Sprache des modernen Menschen, der die innere Verbindung zu seinem Herzen verloren hat. Und es ist geradezu erschreckend, dass ausgerechnet solche Menschen, die selbst keine heilsame Beziehung zu ihren Gefühlen pflegen, sich in ihrer Verblendung auch noch als Abgesandte des Heiligen Geistes verstehen wollen und sich dazu berufen fühlen, die Botschaft der Heiligen Schrift auszulegen.

Zweites Kapitel

DAS WEITE HERZ DES GOTTESFREUNDES

Eine herzlose Religiosität ist keine wahrhaftige Religiosität. Und ein gläubiger Mensch, der keine heilsame Beziehung zu seinem Herzen pflegt, läuft Gefahr sich in verqueren religiösen Ansichten zu versteigen. Was es braucht ist eine Religiosität, die von Herzen kommt. Und es braucht aufrichtige Menschen, die ihren Glauben von ganzem Herzen aus einer inneren Verbundenheit mit Gott heraus leben.

Als gläubiger Mensch sehne ich mich regelrecht nach einer tiefen Verbindung zu Gott. Und als Christ begründet sich diese Beziehung vor allem in einer lebendigen Freundschaft mit Jesus Christus (Joh 15,9-10). Jesus lädt mich dazu ein, sein Freund und Jünger zu sein, wenn ich an ihn glaube (Joh 1,12-13; 3,16-18; 17,20). Er lädt mich dazu ein, ihm und seinem Weg zu folgen (Joh 1,38-39). Und ich darf der Freundschaft Jesu gewiss sein, wenn ich seine Gebote halte (Joh 8,31; 14,15.21) und seinen Auftrag erfülle (Joh 15,14-15).

Als Freund Jesu Christi bin ich in die Welt gesandt, um seine Botschaft zu verkünden (Mt

28,19-20; Lk 24,46-48; Joh 17,18). Als Christ lebe ich deshalb wie Jesus nicht fern der Welt, sondern in der Welt (Joh 17,11). Aber obwohl ich in der Welt lebe, bin ich nicht von der Welt (Joh 17,14). Wie Jesus nicht der Welt verfallen war, so darf auch ich frei von aller weltlichen Gier leben (Joh 8,32; 15,19; 17,15-16).

Weil ich jedoch innerlich frei von allen weltlichen Fesseln bin, nehmen manche Menschen Anstoß an mir (Mt 5,10-11; 10,22; Joh 17,14), so wie die Menschen Anstoß an Jesus genommen haben (Mt 13,57; Mk 6,3-4; Lk 4,28-29; Joh 1,10-11; 3,19-20; 15,18-19). Denn wie Jesus gekommen ist, um das Wahre vom Falschen zu scheiden (Joh 1,9; 18,37), so bin auch ich dazu berufen, durch meine Taten für die Wahrheit Zeugnis abzulegen (Joh 3,21). Und wie Jesus durch seine Worte und Taten Zwietracht ausgelöst (Mt 10,34; 12,14) und am Ende sein Leben für seine Freunde hingegeben hat (Joh 15,13), so wird es auch mir ergehen (Mt 10,24-25; Joh 15,19-20). Man wird mich verachten, verstoßen, ja sogar töten. (Joh 16,2; 17,14).

Trotz aller Anfechtung darf ich aber vollkommen auf Gott vertrauen (Joh 16,33). Als Freund Jesu Christi bin und bleibe ich ganz mit ihm und dem Vater verbunden (Joh 14,20-21; 17,21-23). Ich bleibe deshalb nicht ohne Beistand (Joh 16,7). Vielmehr wird der Geist der Wahrheit zu mir kommen, um mich zu leiten (Joh 16,13-15). Er ist es, der aus mir spricht (Mt 10,19-20). Und wie Jesus seine Werke aus der Vollmacht des Vaters vollbracht hat, so entspringen auch meine Werke allein der geistigen Kraft Gottes (Joh 3,21; 14,12; 15,8).

Damit ich Gottes Werke vollbringen kann, will Gott mir ein neues Herz und einen neuen Geist schenken. Er will mein versteinertes Herz herausbrechen und mir stattdessen ein lebendiges Herz aus Fleisch einpflanzen (Ez 11,19; 36,26). In dieses neue Herz will er mir seine gute, heilsame Weisung schreiben (Ez 11,20; 36,27). Ich soll diese verinnerlichen, damit ich aus dem Geist Gottes neu geboren werde (Joh 3,3.5-7), wodurch seine Weisung durch mich in der Welt gelebte Wirklichkeit wird (Gal 2,19-20).

Deshalb fordert Gott meinen Gehorsam (1 Sam 15,22; Jes 50,5; Jer 7,23). Ich muss mich voll und ganz seinem Willen unterwerfen. Mein eigenes Wünschen und Wollen muss ich dagegen aufgeben. Für mich ist das sehr heilsam. Solange mich nämlich mein ichbesessener Eigensinn beherrscht, ist mein Herz verschlossen. Mein Geist hat keine Verbindung zu meinem Herzen. In diesem Zustand kann ich jedoch das wichtigste aller Gebote nicht erfüllen. Ich soll Gott mit ganzem Herzen, mit ganzer Seele und mit meinem ganzen Denken lieben (Mt 22,37).

Zu beachten ist hier die genaue Reihenfolge. Ausdrücklich steht im Neuen, ebenso wie schon im Alten Testament, das Herz an erster Stelle (Dtn 6,5). Will ich Gott lieben, dann muss ich ihm zunächst mein Herz öffnen. Gott will vor allem anderen mein Herz (Dtn 30,6; 1 Kön 11,4; Ps 28,7) und meine Liebe (Hos 6,6). Das ist keineswegs nur ein abstrakter theologischer Gedanke. Vielmehr kann ich Gott mein Herz wahrhaftig öffnen, indem ich mir Zeit für das Gebet nehme.

Das Gebet ist nämlich die Grundlage meiner Liebesbeziehung mit Gott. Durch die Macht des Gebets kann ich die Pforte meines Herzens aufschließen. Ich kann mein Herz weit machen und meinen Geist von allen selbstbezogenen, eigensinnigen Gedanken befreien. Das ist ganz entscheidend, denn nur so werde ich offen für den Anruf Gottes.

Ich werde neu geboren. Ich bekomme ein neues Herz, das nicht mehr versteinert ist. Auch bekomme ich ein neues Denken, das nicht mehr ichbezogen ist. Und mit diesem gewandelten Herzen und diesem erneuerten Denken kann ich dann Gott von ganzem Herzen, mit ganzer Seele und auch mit all meinen Gedanken lieben.

Ich muss aber richtig beten. Nicht jede Form des Gebets hat eine heilsame Wirkkraft. Nicht jede Gebetspraxis führt mich unwillkürlich zu Gott. Beim Beten handelt es sich ja um keinen äußeren, sondern um einen inneren, geistigen Vorgang, der nicht beobachtbar ist. Deshalb wird diese Glaubenspraxis häufig leider grundlegend falsch verstanden.

Vieles wird Gebet genannt, was gar kein Gebet ist. So ist Beten keine Pflichtübung, die ich Gott schulde. Auch ein Tauschhandel ist Beten nicht. Die innere Verbindung zu Gott ist kein Lohn, den ich mir verdienen könnte, indem ich eifrig Gebetsworte aufsage. Genauso wenig öffnen Gebete mein Herz auf mystische Weise, in dem Sinn, dass Gott handelnd eingreift und als Dank für die Gebete mein Herz mit seinen himmlischen Kräften erweicht. Schon gar nicht lässt sich Gott durch meine Willenskraft herbeibitten oder herbeizwingen. Das muss er auch nicht, eben weil er ja schon immer da ist.

Jedoch kann Gottes Gegenwart für mich durch das Gebet erfahrbar werden. Damit dies geschehen kann, muss ich allerdings in rechter Weise beten. Ich muss so beten, dass mein Herz sich weitet und mein Geist für Gott empfänglich wird. Und um dieses rechte Beten zu lernen, ist es zunächst sehr sinnvoll in die Heilige Schrift zu blicken. Insbesondere ist es lehrreich genau darauf zu schauen, wie Jesus selbst gebetet hat und was er über das Beten gesagt hat.

Drittes Kapitel
DAS GEBET IN DER HEILIGEN SCHRIFT

Das Gebet im Gottesdienst ist wichtig, eben weil das gemeinsame Beten Gemeinschaft stiftet. Indem ich zusammen mit anderen Gläubigen bete, fühle ich mich mit diesen verbunden, so wie die Urgemeinde sich nach Jesus' Heimgang im Gebet einmütig miteinander verbunden fühlte (Apg 1,14). Beim Beten in der gottesdienstlichen Gemeinschaft dürfen wir uns außerdem in besonderer Weise eins mit Jesus Christus wissen (Mt 18,19-20).

Noch viel wichtiger als das gemeinschaftliche Gebet ist jedoch das persönliche Gebet in der Abgeschiedenheit. An mehreren Stellen der Evangelien wird erzählt, wie Jesus immer wieder das Alleinsein suchte. Er brauchte für sich allein Zeit und Ruhe zum Beten.

So begab sich Jesus nach seinem Tauferlebnis absichtlich in die Einsamkeit der Wüste (Mt 4,1-11; Mk 1,12-13; Lk 4,1-13). Auch seine Jünger hat er aufgefordert, sich immer wieder vor dem Andrang der vielen Menschen zurückzuziehen, um auszuruhen (Mk 6,31; Lk 9,10). Beim Beten sonderte er sich freilich selbst von seinen engsten Jüngern ab (Mt 26,39; Mk 14,35; Lk 22,41). Er stieg beispielsweise allein auf einen Berg, um dort zu beten (Mt 14,23; Mk 6,46; Lk 6,12). Oft geschah dies wohl am frühen Morgen (Mk 1,35) oder am Abend (Mt 14,23), ganz so wie es auch im Einklang mit dem Alten Testament ist (Ps 5,4; 55,18).

Vor wichtigen Entscheidungen, wie der Wahl der zwölf Apostel, verbrachte Jesus die ganze Nacht im Gebet (Lk 6,12-13). Auch die Nacht vor seinem Tod durchwachte er betend (Mt 26,36-44; Mk 14,32-39; Lk 22,40-46). Für Jesus war sein Beten zuallererst ein Zwiegespräch mit Gott, welches nur im Alleinsein seine volle Wirkung entfaltet (Mt 6,6). Das Gebet diente ihm dazu, Klarheit zu finden und neue Kraft zu schöpfen, selbst in Zeiten der größten Not und Todesangst (Lk 22,43). Dies galt dann später in gleicher Weise für die Apostel (Apg 16,25).

Jesus hat deutliche Hinweise darauf gegeben, wie auch ich heilsam beten kann. Unmissverständlich ruft er mich dazu auf, mich in meiner Kammer einzuschließen, wo ich dann ganz für mich allein das Gespräch mit Gott suchen soll (Mt 6,6). Einer der wichtigsten Hinweise auf das persönliche Gebet ist seine Aufforderung, beim Beten nicht zu plappern und keine vielen Worte zu machen (Mt 6,7).

Dies lässt sich eigentlich nur auf eine Weise recht verstehen. Das Plappern entspringt der ichbezogenen Rede. Wer beim Beten in seinem selbstbezogenen Denken verhaftet bleibt, der macht viele Worte. Da mich Jesus ausdrücklich mahnt, beim Beten nicht zu plappern, muss ich folglich meine ichbezogenen Gedanken zum Schweigen bringen. Jesus will also nicht nur, dass ich mich beim Beten in äußerem Schweigen übe, indem ich nur wenige Worte laut oder in Gedanken spreche. Darüber hinaus sollen diese Worte außerdem nicht meinem selbstbezogenen Denken entspringen. Ich muss also im Gebet meine Ichsucht überwinden.

Ich befreie meinen Geist von diesen unheilvollen Gedanken, indem ich mich in innerem Schweigen übe. Dazu brauche ich mein Herz. Ich soll nämlich beim Beten Gott mein Herz darbringen (Phil 4,7). Ich muss also mit meinem Herzen beten. Genauer gesagt, ich nehme mir im Gebet Zeit, um meinen Gefühlen Beachtung zu schenken. Ich darf jedoch nicht anfangen, über meine Gefühle nachzudenken. Das wäre nicht heilsam. Stattdessen soll ich meinen Gefühlen körperlich nachspüren.

Bete ich so, dann darf ich darauf vertrauen, stets alles zu erhalten, worum ich bitte (Mt 7,7; 21,22; Mk 11,24; Lk 11,13; Joh 14,13; 15,7.16; 16,23-24). Diese Weisheit findet sich nicht nur in den Evangelien, sondern ebenso in den anderen Schriften der Bibel, sowohl im Neuen (1 Petr 3,12; 1 Joh 5,15) als auch im Alten Testament (Esra 8,23; Ps 18,7; 145,18; Jer 29,12; 33,3).

Hier gibt es jedoch einen äußerst wichtigen Hinweis zu beachten: Ich darf Gott nur um etwas bitten, das seinem Willen entspricht (Mt 6,10; 26,39; Mk 14,36; Lk 22,42; 1 Joh 5,14). Auf den ersten Blick erscheint diese Forderung merkwürdig, um nicht zu sagen unverständlich. Dennoch darf diese Mahnung keinesfalls übergangen werden.

Wenn ich beim Beten um etwas bitten soll, das dem Willen Gottes entspricht, dann bedeutet dies nichts weniger, als dass ich meine persönlichen Wünsche und Vorstellungen aufgeben muss. Gebe ich diese aber auf, dann darf ich darauf vertrauen, alles zu erhalten, was ich wirklich für mein Leben brauche (Mt 6,11; Lk 11,3), auch wenn diese Gaben vielleicht auf den ersten Blick etwas anders sind, als sie sich mein eigensinniger Wille wünscht.

Egal worin meine Not und Angst auch bestehen, Gott wird mich nicht darin umkommen lassen. Er wird mich stärken und mir Hilfe zuteilwerden lassen (2 Kön 20,5; Ps 34,7; 118,5; Apg 2,21; 16,26; Phil 1,19; Hebr 4,16). Vor allem will Gott mir Ruhe verschaffen (Jer 31,25; Mt 11,28-29), indem er mich von meinen Sorgen befreit (Ps 34,5; Mt 6,25-32; Phil 4,6). Meist quälen mich Sorgen ja in Form von Gedanken. Achte ich beim Beten jedoch auf meine Gefühle, dann befreit mich dies von allen trübsinnigen Gedanken. Die Sorgen verlieren ihre Macht über meinen Geist.

Ich darf beim Beten deshalb froh (1 Thess 5,16) und dankbar (Phil 4,6; Kol 4,2; 1 Thess 5,18) sein. Auch soll ich beim Beten beharrlich sein (Apg 2,42; Röm 12,12; Kol 4,2). Ich soll ohne Unterlass beten (1 Thess 5,17), eben weil ansonsten immer die Gefahr besteht, dass meine sorgenvollen Gedanken die Oberhand über meinen Geist gewinnen (Mt 26,41), wodurch ich dann zwangsläufig meine innere Verbindung zu Gott verlieren würde.

Ich soll nicht nur für mich selbst, sondern ebenso für meine Mitmenschen beten. Ich darf für meine Freunde beten (Ijob 42,10; Apg 12,5; Jak 5,14-15). Darüber hinaus fordert mich Jesus aber sogar auf, für meine Feinde zu beten (Mt 5,44; Lk 6,28). Und ich muss dabei aufrichtig sein und meinen Feinden aus ganzem Herzen vergeben (Mt 6,12.14-15; Mk 11,25; Lk 6,37).

Wiederum mag auch dieses Gebot zunächst schwer verständlich sein. Aber dahinter steckt eine tiefe Weisheit. Wenn ich meinen Feinden aufrichtig vergebe, so ist das nicht nur für das gemeinsame Zusammenleben heilsam. Es ist vor allem deshalb wichtig, weil ansonsten der Hass auf meine Feinde mein Herz und mein Denken vergiftet. Und dieses vergiftete Denken blockiert die Verbindung meines Geistes mit Gott.

Freilich kann ich meinen Feinden nicht willentlich vergeben. Ich kann nur mit dem Herzen verzeihen, indem ich mir im Gebet bewusst Zeit für die Gefühle des Hasses nehme, die mein Herz erfüllen. Wenn ich in diese Hassgefühle meditativ hineinspüre, dann lösen sie sich nach und nach auf.

Am Ende befreie ich so nicht nur mein Herz, sondern auch meine Gedanken von meinem Hass. Der Hass verwandelt sich in Mitgefühl. Ich selbst aber werde an Herz und Seele heil. Und nichts will Jesus mehr, als dass ich heil werde, wie dies die zahlreichen Heilungsgeschichten der Evangelien nahelegen (Mt 8,1-15.28-34; 9,1-8.18-34; 12,9-14; 14,34-36; 15,21-31; 20,29-34; Mk 1,29-31.40-45; 2,1-12; 3,1-6; 5,1-43; 6,53-56; 7,24-37; 8,22-26; 10,46-52; Lk 4,31-41; 5,12-26; 6,17-19; 7,1-17; 8,26-56; 13,10-17; 14,1-4; 18,35-43; 22,51; Joh 4,46-54; 5,1-9; 9,1-7; 11,1-46).

Viertes Kapitel

DIE MACHT DES HERZENS

Rechtes Beten geschieht nicht als Willensakt. Der Wille ist stets ichbezogen. Die Ichsucht aber trennt meinen Geist vom Geist Gottes. Beim Beten muss ich daher vor allem darum bemüht sein, meinen eigensinnigen Willen aufzugeben, da dieser dem heilsamen Willen Gottes gegenübersteht. So gut meine Absichten auch sein mögen, wenn ich nicht den liebevollen Willen Gottes verinnerliche, bleiben mein Denken und Handeln ichbezogen und damit unheilvoll für mich und meine Mitmenschen.

Meinen Willen kann ich jedoch nur aufgeben, indem ich mein Herz öffne. Mit anderen Worten, ich muss lernen, auf meine Gefühle zu achten. Ich muss meinem Herzen Raum geben. Aber genau davor fürchten sich viele Menschen.

Freilich brauche ich vor meinen Gefühlen keine Angst haben. Ich muss nicht befürchten, die Macht meines Herzens könnte mich überwältigen. Nicht wenige Menschen unterdrücken ihre Gefühle mit ganzer Willenskraft, weil sie Angst vor ihrem Herzen haben. Sie schrecken davor zurück, ihre Masken fallen zu lassen und sich verletzlich zu zeigen. Sie haben Angst, die Selbstbeherrschung zu verlieren.

In Wahrheit aber ist es genau andersherum. Je mehr ich mein Herz missachte, umso weniger Kontrolle habe ich über meine Gefühle. Je mehr ich meine Gefühle durch meine Willenskraft ins Unterbewusste verdränge, umso mehr beherrschen die verdrängten Gefühle mein Denken und Handeln aus dem Unterbewusstsein heraus. Vor allem aber kann ich auf diese Weise die emotionalen Verletzungen, die ich in meinem Leben immer wieder erfahre, nicht ausheilen. Stattdessen werden diese Verletzungen zu einer krankhaften Dauerbelastung für meine Seele. So führt mich mein unheilvolles Verdrängen am Ende in Zwänge und Depressionen.

Umgekehrt ist es sehr heilsam, wenn ich lerne, auf meine Gefühle zu achten, sie zuzulassen und anzuerkennen. Keinesfalls bedeutet dies, dass ich mich dann unbeherrscht in meine Gefühle hineinsteigere oder mich in rührseligen Schwärmereien verliere. Ganz im Gegenteil, gerade wenn ich meinen Gefühlen achtsam nachspüre, bewahre ich meinen Geist vor allzu großer Rührseligkeit. Und ich werde wieder heil in meinem Gefühlsempfinden.

Allerdings muss ich dazu auch mein ichbezogenes Denken aufgeben. Daran hindert mich jedoch meine Selbstverliebtheit. Die meisten Menschen üben sich nämlich nicht in wahrer Selbstliebe. Wahre Selbstliebe ist ein seltenes Gut. Mich selbst aufrichtig zu lieben bedeutet, stets achtsam mit meinen Bedürfnissen zu sein. Dies betrifft zum einen meine körperlichen Bedürfnisse, zum anderen aber in noch größerem Maße meine spirituellen, sprich geistigen Bedürfnisse. Vor allem ist die aufrichtige Liebe zu mir selbst keine graue Theorie. Vielmehr muss ich diese im Alltag praktisch leben.

Das wichtigste Bedürfnis meines Geistes ist meine Sehnsucht nach Beziehung. Ich sehne mich nach anderen Menschen und – als gläubiger Mensch – nach Gott. Damit aber die Beziehungen zu meinen Mitmenschen und zu Gott gelingen können, muss mein Geist auf heilsame Art und Weise mit meinem Herzen verbunden sein. Ist die Verbindung zu meiner Gefühlswelt gestört, dann misslingen mir auch alle meine anderen Beziehungen. Zuallererst muss ich daher lernen, meine Gefühle wahrzunehmen und zuzulassen.

Nur wenige Menschen üben sich in dieser wahren Selbstliebe. Dagegen ist die ichsüchtige Selbstverliebtheit weitverbreitet. Statt auf meine Gefühle zu achten, bin ich in mein ichbezogenes Denken verliebt. Für meine Ichsucht bin ich sogar bereit, mein Herz, sprich meine Gefühle zu opfern. Meine selbstverliebte Ichbezogenheit ist es dementsprechend, die mich mehr als alles andere daran hindert, Gott mit ganzem Herzen und mit ganzer Seele zu lieben (Mt 22,37). Auch hindert sie mich daran, meinen Nächsten zu lieben, wie mich selbst (Mt 22,39).

Wie will ich denn Gott oder meinen Nächsten aufrichtig lieben, wenn ich mich selbst nicht wahrhaftig liebe? Wie soll ich auf die Gefühle meiner Mitmenschen Rücksicht nehmen, wenn ich meine eigenen Gefühle unterdrücke, nur um meinen ichbesessenen Willen durchzusetzen?

Mit einem kalten Herz aus Stein kann ich nicht einmal mich selbst in rechter Weise lieben.

Um die innere Gemeinschaft mit Gott erfahren zu können, müsste ich meine Selbstverliebtheit überwinden. Das aber will ich eigentlich nicht, weil ich dann ja auch mein ichsüchtiges Denken aufgeben müsste. Ich muss mich also entscheiden. Will ich weiterhin nur meiner Ichbezogenheit huldigen oder will ich Gott verehren? Will ich in meinem selbstverliebten Denken gefangen bleiben oder will ich meinen Geist von allen selbstsüchtigen Gedanken befreien? Will ich mein Herz verschlossen halten oder will ich Gott mein Herz öffnen?

Nach nichts verlangt Gott nämlich so sehr, wie nach meinem Herzen. Denn nur wenn ich Gott mein Herz öffne, kann er mir seine Weisung ins Herz schreiben (Jer 31,33; 2 Kor 3,2-3). Gott will mich ja verwandeln, indem ich mit meinem ganzen Leib seine heilsame Botschaft verinnerliche (Ez 3,1-3). Er will mich durch seine Worte nähren (Dtn 8,3; Mt 4,4; Joh 6,48-58) und lebendig machen (Joh 4,14; 6,34-35).

Fünftes Kapitel

DER HEILSAME ATEM GOTTES

Gott ist uns Menschen immer nahe. Dennoch erscheint er uns oft so fern, schlicht und einfach deshalb, weil wir durch das unablässige Geplapper unserer ichbezogenen Gedanken seine leise Stimme nicht vernehmen. Zur inneren Gemeinschaft mit Gott kann ich folglich nur gelangen, wenn ich mein selbstsüchtiges Denken und meinen eigensinnigen Willen überwinde.

Dies gelingt mir, indem ich mich in äußerem und innerem Schweigen übe. Äußeres Schweigen meint, dass ich die Stille suche. Ich halte äußere Ruhe ein, im Alltag, aber vor allem auch beim Beten. Ich spreche beim Beten nur wenige Worte. Diese Worte kann ich laut oder in Gedanken sprechen. Dann jedoch übe ich mich ausgiebig in Schweigen, indem ich weder laut noch in Gedanken Gebetsworte spreche.

Um äußerlich und innerlich schweigen zu können, brauche ich meinen Atem. Indem ich nämlich auf meinen Atem achte, beruhigt sich mein ruheloser Geist. Durch achtsames Atmen verstummt allmählich das Geschwätz meiner ichsüchtigen Gedanken.

Mein Atem ist aber nicht in erster Linie mein Atem. Im Gegenteil: Mein Atem ist der Atem Gottes. Von Gott habe ich meinen Atem geschenkt bekommen. Es ist der göttliche Atem, der mich lebendig macht (Gen 2,7).

Über die ununterbrochene Kette all meiner Vorfahren bin ich durch meinen Atem mit jenem Augenblick in der Entstehungsgeschichte der Erde verbunden, als die ersten einzelligen Lebewesen zu atmen begonnen haben. Durch meinen Atem habe ich Gemeinschaft mit Gott, meinem Schöpfer, der mit seiner Geisteskraft alle Wesen dieser Welt von Beginn an belebt hat.

Indem ich schweigend auf meinen Atem achte, verbindet sich mein Geist mit dem Geist Gottes. Ich atme bewusst ein. Dann atme ich bewusst aus. Ich atme wieder bewusst ein. Dann atme ich wieder bewusst aus. Nicht mehr und nicht weniger.

Es genügt auf diese Weise achtsam zu atmen. Wenn ich an Gott glaube, dann darf ich mich allein durch mein achtsames Atmen mit Gott verbunden wissen. In meinem gleichmäßigen

Atmen schenkt Gott mir Ruhe und Kraft. Worte sind nicht nötig. Mein achtsames Atmen wird mir zu meinem wortlosen Gebet.

Während ich achtsam atme, öffne ich Gott mein Herz. Genauer gesagt, ich spüre in meinen Körper hinein. Ich nehme mir Zeit, um mich bewusst meinen Gefühlen zu widmen. Alles Helle, das mich erfreut, und alles Dunkle, das mich belastet, steigt auf diese Weise aus meinem Unterbewusstsein auf. Meine Freuden, Sehnsüchte, Zweifel oder Ängste kann ich beim achtsamen Atmen körperlich wahrnehmen.

Spüre ich ein angenehmes Gefühl, dann achte ich auf das angenehme Gefühl. Spüre ich ein unangenehmes Gefühl, dann achte ich auf das unangenehme Gefühl. So trage ich alle Gefühle vor Gott, meinen Vater. Und ich darf darauf vertrauen, dass er mich erquicken und heil machen wird. Nach einer Weile des achtsamen Atmens und aufmerksamen Hineinspürens wird Ruhe in meinen Körper einkehren. Die Gefühle ebben ab. Die innere Unruhe legt sich. Ich fühle mich gestärkt und zufrieden.

Durch mein gleichmäßiges Atmen und aufmerksames Fühlen beruhigt sich mein Denken. Meine Gedanken kommen und gehen auch weiterhin. Aber sie kommen und gehen jetzt langsamer. Ebenso nimmt die Zahl meiner Gedanken ab. Weil ich mich nun zufrieden fühle, verlieren vor allem die ichbezogenen Gedanken allmählich ihre Macht über meinen Geist. Meine Gedanken entspringen nicht mehr so sehr meiner Selbstsucht. Ich übe mich in innerem Schweigen. Ich trete in die Ruhekammer meines Herzens ein.

Hier, im Inneren meines Herzens, werde ich mir jetzt der liebenden Gegenwart Gottes gewahr. Bei meinem Vater, dem guten Gott, darf ich mich sicher und geborgen fühlen. Er schenkt meinem Geist äußere und innere Ruhe. Und in diese Herzensruhe meiner Gedanken hinein kann sein Geist jetzt heilsame Worte zu mir sprechen. Mein mich liebender Vater schickt mir gute Gedanken. Ich aber vernehme seine sanfte Stimme, mit der er leise zu mir spricht (1 Kön 19,12-14).

Sechstes Kapitel

DAS MEDITATIVE GEBET

Das meditative Gebet ist eine Verbindung aus Gebet und Meditation. Dabei ist allerdings Folgendes festzustellen: Für einen gläubigen Menschen gibt es keinen Unterschied zwischen Meditation und Gebet. Meditation ist Gebet. Gebet ist Meditation. Grundlegend für Gebet und Meditation ist das achtsame Atmen. Gebetsworte sind nicht nötig.

Von seiner Form her ist das meditative Gebet sehr schlicht und einfach. Ich setze mich aufrecht auf einen Stuhl. Die Hände lege ich in meinen Schoß, wobei ich die Finger locker ineinander verschränken kann. Zur Eröffnung mache ich, wenn es meiner Glaubenstradition entspricht, das Kreuzzeichen. Ich stelle mich damit symbolisch unter den Schutz des Dreifaltigen Gottes. Alternativ spreche ich vielleicht ein Psalmwort. Dann kann ich das Glaubensbekenntnis aufsagen. Damit drücke ich aus, dass sich mein Meditieren auf der Grundlage meines christlichen Glaubens vollzieht.

Jetzt kommt der wesentliche und längste Teil des meditativen Betens. Ich übe mich ausgiebig in Schweigen. Ich spreche keine Gebetsworte, weder laut noch in Gedanken. Es geht vor allem darum, meinen Geist von meinem selbstbezogenen Denken zu befreien. Ich achte dazu ganz einfach auf meinen Atem. Ich atme bewusst ein. Ich atme bewusst aus. Ich atme langsam, ruhig und gleichmäßig.

Während mein Atem stetig kommt und geht, öffne ich Gott mein Herz, indem ich in meinen Körper hineinspüre. Ich erspüre, wo quälende Gedanken meinen Körper in Form unangenehmer Gefühle belasten. Ich fühle, wo sich meine Sorgen als Beklemmung in der Brust, als Drücken im Bauch oder als nervöses Zittern in den Händen bemerkbar machen.

Ich richte meine bewusste Aufmerksamkeit jetzt auf diese körperlichen Gefühle. Gleichzeitig atme ich weiter achtsam ein und aus. Ich atme bewusst und ich spüre bewusst. Unter Umständen tut es mir gut, meine Hände nun auf die Körperstelle, meine Brust oder meinen Bauch, zu legen, wo ich eine Beklemmung, ein Drücken oder einen Schmerz empfinde.

Möglicherweise fällt es mir als Anfänger schwer, in meinen Körper hinein zu spüren. Ich bin es vielleicht schlicht nicht gewohnt, meine Sorgen körperlich wahrzunehmen. Mit ein wenig Übung werde ich aber nach und nach lernen, auf diese teils sehr feinen, teils sehr starken körperlichen Empfindungen zu achten, die mit den quälenden Gedanken einhergehen.

Es ist sinnvoll, mich zum meditativen Gebet vor ein Kreuz oder ein Andachtsbild zu setzen. In besonders schweren Nöten, wenn mir starke Ängste oder tiefe Trauer regelrecht die Kehle zuschnüren und die Luft zum Atmen rauben, kann es unter Umständen heilsam sein, vor einem Gnadenbild, dem Tabernakel oder dem ausgesetzten Allerheiligsten meditativ zu beten. Dies mag mir dabei helfen, dass mich die Last meiner Gefühle nicht überwältigt. Sollten die Gefühle dennoch erdrückend werden, breche ich das meditative Gebet besser ab. Ich versuche es dann später von Neuem.

Am Anfang scheinen die körperlichen Empfindungen oft stark und unangenehm. Mit der Zeit lassen die Gefühle dann jedoch nach. Die Beklemmung in der Brust, das Drücken im Bauch oder das Zittern in den Händen ebbt ab. Die innere Unruhe, die meinen Körper bisher erfüllt hatte, verwandelt sich durch mein gleichmäßiges, bewusstes Atmen in innere Ruhe.

Im Gegenzug verlieren jetzt auch die sorgenvollen Gedanken ihre Macht über meinen Geist. Am Ende lösen sich die unheilvollen, quälenden Sorgen auf. Ich kann wieder klar denken. Ich fühle mich frei und gestärkt. Auch spüre ich nun ein tiefes Gefühl der Zufriedenheit. Ich ruhe wieder in meiner Mitte. Ich bin in die innere Ruhekammer meines Herzens eingetreten, wo ich mich mit Gott verbunden fühlen darf.

Ganz wie es mir gefällt, kann ich jetzt noch eine Weile die geistige Verbundenheit mit Gott genießen. Ich erfreue mich an dem angenehmen Gefühl der tief empfundenen Ruhe. Innerlich gestärkt schließe ich das meditative Gebet ab. Als Dank an Gott spreche ich ein passendes Gebetswort. Mit einem Segenswort und dem Kreuzzeichen beende ich mein Gebet.

SCHLUSSGEDANKEN

Das meditative Gebet hat eine große lebens-spendende, weil heilsame Wirkkraft. Es ist gut für mich selbst, da es mich von quälenden Sorgen und Ängsten befreit. Es ist aber auch förderlich für das Zusammenleben in der Gemeinschaft, weil es dazu beiträgt, zwischen-menschliche Spannungen aufzulösen.

Ganz grundsätzlich sollte ich mir immer Zeit für das meditative Gebet nehmen, sobald mich innere Unruhe quält. Nichts ist dann wichtiger, als wieder in meine Mitte zu kommen, denn nur aus innerer Ruhe heraus kann ich mein Leben kraftvoll und selbstbewusst gestalten.

Außerdem mag es mir durch meditatives Beten gelingen, tiefsitzende emotionale Verletzungen meiner Psyche zu heilen. Allerdings wird dies in den meisten Fällen nicht wenige Monate, sondern wohl eher viele Jahre der meditativen Gebetspraxis erfordern.

Darüber hinaus öffnet das meditative Gebet meinen Geist vor allem für den Anruf Gottes. Indem ich beim Beten auf meine Gefühle achte, verstummt nach und nach mein ichbezogenes

Denken. Wenn dann mein selbstsüchtiger Wille schweigt, werde ich aufmerksam für die guten Gedanken, durch welche Gott zu mir sprechen möchte. Und ich werde empfänglich für die Nöte und Sorgen meiner Mitmenschen.

Um dauerhaft heilsam leben zu können, kann und soll ich mein meditatives Beten auf meinen ganzen Alltag ausdehnen. Dies ist tatsächlich sehr einfach. Ich muss mir dazu nur angewöhnen, bei all meinen täglichen Verrichtungen auf meinen Atem zu achten. Indem ich stets einen Teil meiner Aufmerksamkeit auf meine Atmung richte, verwandle ich mein ganzes Leben in ein ununterbrochenes meditatives Gebet. Auf diese Weise erfülle ich nicht nur das Gebot, beharrlich ohne Unterlass zu beten. Vor allem führt mich mein achtsames Atmen so immer tiefer in die innere Gemeinschaft mit Gott. Ich lebe dann mehr und mehr aus dieser schönsten aller Beziehungen. Meine Freundschaft mit Gott erfüllt mich mit Dankbarkeit und Freude. Ich fühle mich zufrieden und frei. Ich bin glücklich.

NACHWORT

Nach einem Aufwacherlebnis im August 2011 habe ich den spirituellen Weg von Meditation und Achtsamkeit für mich entdeckt. Seit dem Frühjahr 2014 übe ich mich bewusst in der Methode des achtsamen Atmens. Durch die Kraft des meditativen Atmens ist es mir mittlerweile gelungen, meine psychische Gesundheit weitgehend wiederherzustellen.

Gleich von Anfang an verband sich mit meinen Erfahrungen, die ich während dieses neuen Lebensabschnitts gemacht habe, die tiefe Gewissheit, dass ich auf den spirituellen Weg des achtsamen Atmens geführt worden bin. Mehr noch, seit meinem Aufwacherlebnis bin ich mir stets der liebenden Gegenwart Gottes gewahr.

Manchmal wird die Kritik erhoben eine Meditations- und Achtsamkeitspraxis, die sich auf Atemübungen begründet, wäre nicht christlich. Solche Praktiken gehörten vielmehr in den Bereich des Buddhismus. Tatsächlich liegen derartigen Vorbehalten meist jedoch wohl nur falsche Vorstellungen und große Unkenntnis zu Grunde.

Letztlich beruhen alle Arten von Meditations- und Achtsamkeitsübungen auf der Atmung. Außerdem handelt es sich bei solchen Übungen ihrem Wesen nach um keine spezifisch religiösen, sondern um universelle spirituelle Praktiken, die an keine bestimmte Religion oder Weltanschauung gebunden sind. Ich kann mich in diesen Praktiken üben, egal welchen Glauben ich habe. Auch spielt es noch nicht einmal eine Rolle, ob ich überhaupt einen Glauben habe. So kann ich selbst als Atheist die heilsame Wirkung des achtsamen Atmens für mich entdecken.

Mir als gläubigen Christen mit römisch-katholischem Bekenntnis war es in diesem Buch wichtig, die Praxis des achtsamen Atmens von meinem Glauben her zu begründen. Ich jedenfalls bin mir gewiss, dass sich mein meditatives Beten ganz und gar im Einklang mit der Lehre Jesu vollzieht. Darüber hinaus weiß ich meinen Geist bei meiner spirituellen Praxis jederzeit vollkommen in der Liebe des einen guten Gottes geborgen.

Georg Bauer

LITERATUR

Henri Nouwen: *Zeig mir den Weg, Ein Begleiter für die Fasten- und Osterzeit*, Freiburg im Breisgau: Herder Verlag, 2008.

Für meine Betrachtung der biblischen Textstellen habe ich folgende Ausgabe der Heiligen Schrift herangezogen:

Einheitsübersetzung der Heiligen Schrift, Freiburg im Breisgau: Herder Verlag, 2016.

GEORG BAUER

Der Name Georg Bauer ist mein Pseudonym als Autor. Dennoch möchte ich Dich, liebe Leserin/lieber Leser, nicht gänzlich im Unklaren über meine Person lassen.

Geboren wurde ich 1973 in Regensburg. Aufgewachsen bin ich in der südlichen Oberpfalz. Nach meinen Studien an der Universität Regensburg arbeite ich heute als Lehrer in Mittelfranken.

In meinen Büchern schreibe ich teilweise sehr persönlich über meine Erfahrungen. Dabei ist es mir wichtig, ganz bewusst auch tiefe Einblicke in meine Gedankenwelt zu gewähren. Diese große Nähe verträgt sich jedoch schlecht mit meiner Stellung als Lehrer. Aus diesem Grund möchte ich als Autor bis auf Weiteres erst einmal anonym bleiben.

Wenn Du mehr über mich, meine Gedankenwelt und weitere geplante Veröffentlichungen erfahren möchtest, empfehle ich Dir meine Informationsseite im Internet zu besuchen.

www.georgbauer.info

Georg Bauer

Atme &
verändere
die Welt

*Von der Überwindung
der spirituellen Krise*

tredition

Georg Bauer

ATME & VERÄNDERE DIE WELT

Von der Überwindung der spirituellen Krise

Alle Spiritualität beginnt mit dem achtsamen Atmen. Jedoch achten leider viele Menschen nicht auf ihre Atmung. Wenn ich nicht gelernt habe, achtsam zu atmen, dann habe ich unter Umständen keine innere Ruhe. Ohne innere Ruhe aber werde ich leicht zum Spielball meiner Gefühle. Ich kann meinen Geist nicht von meinem emotionalen Empfinden trennen. Nicht der Geist steuert mein Verhalten. Vielmehr werde ich von meinen Gefühlen beherrscht. Die innere Unruhe, die mich umtreibt, kann ich nicht auflösen. Sie wirkt unkontrolliert auf mein Verhalten. Fehlt es mir an innerer Ruhe, so verhalte ich mich entsprechend ruhelos. Ich trage meine innere Unruhe nach außen. Ich strahle Ruhelosigkeit aus. Mein unruhiges Verhalten überträgt sich so auf andere

Menschen. Ich versetze meine Mitmenschen in Unruhe. Auf diese Weise trage ich meine Ruhelosigkeit in die Welt. Wie das ewige Wogen der Wellen die Meere bewegt, so bewegt die innere Unruhe die Menschheit. Durch mein achtsames Atmen kann ich einen persönlichen Beitrag dazu leisten, einen kleinen Teil dieser schier unerschöpflichen Unruhe aufzulösen. Würden wir alle lernen, achtsam zu atmen, dann könnte sich die aufgewühlte Rastlosigkeit der Menschheit legen. Die Welt wäre nach einiger Zeit ein friedlicher Ort!

ISBN

978-3-347-14389-0 (Paperback)

978-3-347-14390-6 (Hardcover)

978-3-347-14391-3 (e-Book)

Geplant für April 2021.

Zeitfracht Medien GmbH
Ferdinand-Jühlke-Straße 7
99095 Erfurt, Deutschland
produktsicherheit@kolibri360.de